새 교과서에 따른 예쁘고 바른 글씨
국어교과서

한글쓰기와 국어활동

초등학교 3~4학년군

3-1

한글쓰기와 국어활동의 특징

어린이들이 글씨 쓰는 순서를 바르게 배울 수 있도록 구성하였습니다.

어린이들이 자음과 모음의 조합에 의해 소리가 형성되는 원리를 스스로 깨달아 복잡한 글자도 자연스럽게 읽고 쓸 수 있도록 구성하였습니다.

연한 글씨 위에 덮어쓰기 연습을 충분히하여 어린이들이 바르게 글씨 쓰는 습관이 되도록 하였습니다.

학습에 흥미를 유발하고 효과를 높이기 위하여 실물 사진과 그림을 충분하게 넣어 흥미롭게 익히며 각 페이지를 차근차근 넘겨가면서 학습하다보면 자신도 모르게 반복하게 되어 저절로 익혀지고 예쁘고 바르게 쓸 수 있도록 구성하였습니다.

본 책은 (주)미래엔 제작 교육부에서 발행한 국어㉮㉯ 국어활동의 교과서를 참고하여 엮어 발행하였습니다.

예쁜 손 글씨를 잘 쓰려면

- 글씨를 잘 쓰려면 많이 써야 하고, 많이 보아야 하며, 많이 읽어야 합니다. 자연스러운 마음으로 긴장하거나 흥분하는 일이 없도록 항상 평안을 유지해야 예쁘고 바르게 글씨를 쓸 수 있습니다.

- 글씨연습은 연필로 연습하는 것을 권유합니다. 볼펜은 너무 매끄럽게 나와서 빨리 써지는 반면에 글씨가 미끄러지듯 써져서 글씨체 연습에는 도움이 안됩니다.

- 잘 쓴 글씨가 반듯한 글씨체만은 아니지만 반듯하게 쓰려는 노력은 글씨를 잘 쓰기 위한 필수적인 것입니다. 자간(글자 사이의 간격이나 띄어쓰기)이 분명하게 그리고 필기 속도가 느리고 정성스럽게 또박또박 쓰기 연습이 필요합니다.

 책상에 앉아서 바른 자세로 글씨 쓰기 습관을 갖도록 해 봅시다.

- 엄지손가락과 집게 손가락으로 연필을 잡고 가운데 손가락으로 연필을 받쳐 쓰세요.
- 고개를 너무 숙이지 마세요.
- 등을 곧게 펴고 앉으며 공책과 눈의 거리는 약 30cm 정도가 되게 하세요.
- 공책을 반듯하게 펴세요.
- 허리를 펴고 앉으세요.
- 팔꿈치를 앞으로 내밀거나 몸을 옆으로 기울지 않습니다.
- 엉덩이가 의자 맨 뒤까지 닿도록 앉으세요.

선생님의 말씀을 잘 듣고, 연필을 바르게 잡아 봅시다.

- 연필을 가운데 손가락으로 받치고, 엄지손가락과 집게 손가락을 모아 잡습니다.
- 연필을 너무 세우지 않습니다.
- 적당한 힘을 주어 잡습니다.
- 연필과 바닥의 각도는 옆으로 보아 약 50° 정도가 되면 적당합니다.
- 연필깎은 곳 바로 윗부분을 잡습니다.

 다음 그림에서 어떤 자세가 바른 자세인지 살펴 봅시다.

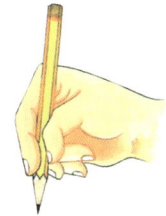
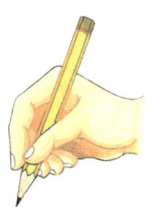

한글쓰기와 국어활동 학습법

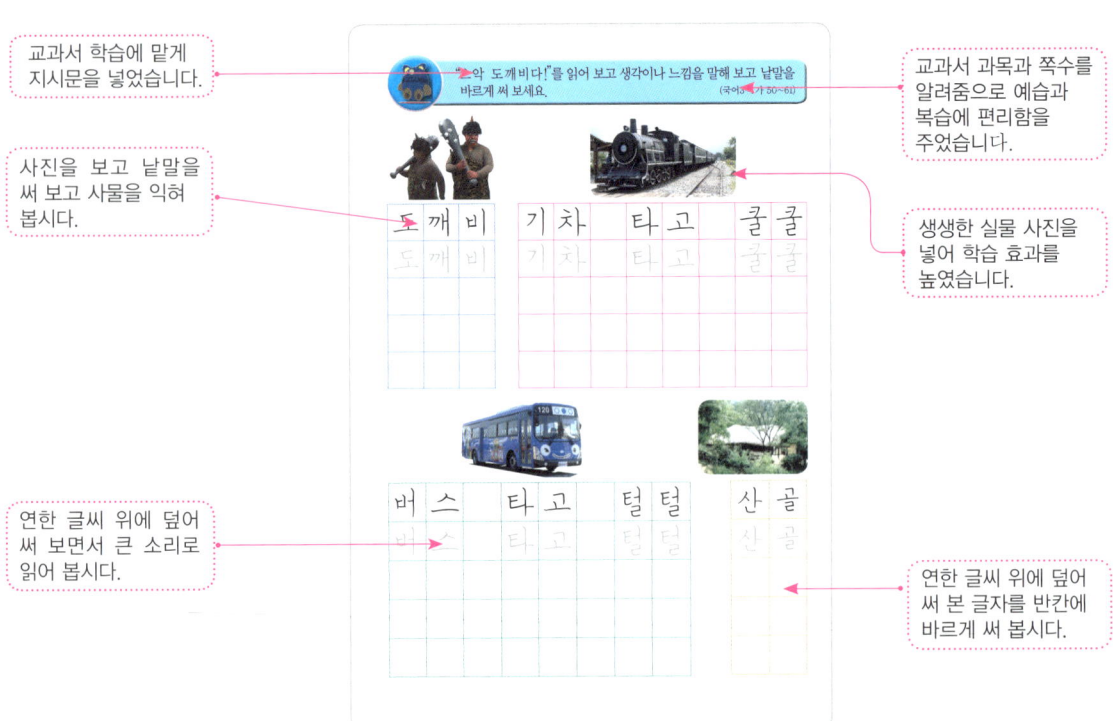

- 교과서 학습에 맞게 지시문을 넣었습니다.
- 사진을 보고 낱말을 써 보고 사물을 익혀 봅시다.
- 연한 글씨 위에 덮어 써 보면서 큰 소리로 읽어 봅시다.
- 교과서 과목과 쪽수를 알려줌으로 예습과 복습에 편리함을 주었습니다.
- 생생한 실물 사진을 넣어 학습 효과를 높였습니다.
- 연한 글씨 위에 덮어 써 본 글자를 반칸에 바르게 써 봅시다.

- 원고지와 같이 꾸며 쓰기 연습을 하면서 문장부호 및 띄어 쓰기를 자연스럽게 익힐 수 있게 하였습니다.
- 글씨 순서를 생각하며 소리 내어 앞에서 학습된 문장을 읽으면서 바르게 써 봅시다.

한글쓰기와 국어활동

차례

학습도우미

한글쓰기와 국어활동 학습법 ·················· 8

3-1 가

1. 재미가 톡톡톡 ························· 11
2. 문단의 짜임 ························· 33
3. 알맞은 높임 표현 ····················· 47
4. 내 마음을 편지에 담아 ··············· 57
5. 중요한 내용을 적어요 ················ 69

3-1 나

6. 일이 일어난 까닭 …………………………… 81

7. 반갑다, 국어사전 …………………………… 91

8. 의견이 있어요 …………………………… 107

9. 어떤 내용일까 …………………………… 119

10. 문학의 향기 …………………………… 129

글씨 쓰기

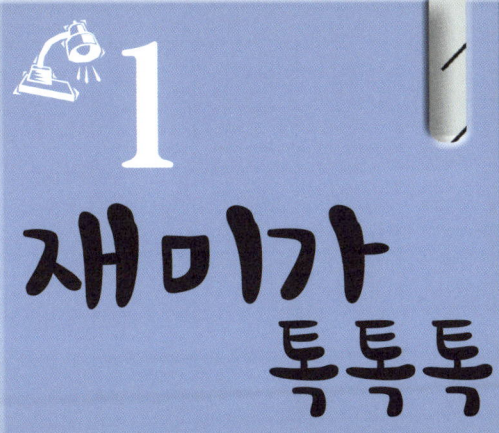

1 재미가 톡톡톡

 감각적 표현의 재미를 느끼며 작품을 읽어 봅시다.

1. 시에 나타난 감각적 표현 알아봅시다.
2. 이야기에 나타난 감각적 표현 알아봅시다.
3. 이야기를 읽고 생각이나 느낌을 나누어 봅시다.
4. 느낌을 살려서 시 낭송을 해 봅시다.

 시 '봄의 길목에서' 나타난 감각적 표현을 생각하며 다음 낱말을 바르게 써 보세요.

(국어3-1가 31~35)

겨	울		끝	자	락
겨	울		끝	자	락

봄	의		길	목
봄	의		길	목

봄	바	람
봄	바	람

겨	울	바	람
겨	울	바	람

풀	밭
풀	밭

밀	고		당	기	기
밀	고		당	기	기

민	들	레	꽃
민	들	레	꽃

 시 '산 샘물'에서 나타난 감각적 표현을 생각하며 다음 낱말을 바르게 써 보세요.

(국어활동 6~7)

바위 틈새

맑은 물이

끊임없이

표현한 말

샘물

소리

표현

모양

 시 '산 샘물'을 읽고 시에 나타난 감각적 표현을 생각하며 다음 문장을 바르게 써 보세요. (국어활동 3-1 7)

송송송

샘물이 바위 틈새에서

솟아나는 모양을 표현함.

졸졸졸

샘물이 넘쳐흐를 때

들리는 소리를 표현함.

시 '산 샘물'을 읽고 시에 나타난 감각적 표현을 생각하며 다음 문장을 바르게 써 보세요.

(국어활동 3-1 7)

감각적 표현

사물을 눈으로 보고, 귀로 듣고, 입으로 맛보고, 코로 냄새 맡고, 손으로 만지듯이 생생하게 표현한 것.

그림에 어울리는 감각적 표현을 생각하며 다음 문장을 바르게 써 보세요.

(국어3-1가 33)

새싹의 초록빛 발차기

새싹의 초록빛 발차기

쉬이익쉬이익 파도의 숨소리

쉬이익쉬이익 파도의 숨소리

총총 내리는 봄비

총총 내리는 봄비

비오는 날을 생각하며 시 '소나기'를 읽고 감각적 표현을 알아보고 다음 낱말을 바르게 써보세요.

(국어3-1가 36)

   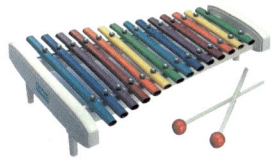

소	나	기	콩	마	당	실	로	폰

빗	방	울	하	늘	빛	맑	다

 시 '공 튀는 소리'를 읽어 보고 장면을 떠올리며 다음 낱말을 바르게 써 보세요.

(국어3-1가 38~39)

학교

골목

공

땅바닥

창문

맥박

튀는

까무룩

시 '귀신보다 더 무서워'에서 나오는 낱말을 바르게 써 보세요.
(국어활동 8~14)

| 엄마 | 감나무 | 극장 | 나뭇잎 |

| 피리 | 눈 | 뱀 | 귀신 | 배 | 꼬리 |

| 파도 | 머리 | 바닷가 | 텐트 |

 갈매기의 생김새를 떠올리며 '바삭바삭 갈매기'를 읽고 이야기에 나타난 감각적 표현의 낱말을 바르게 써 보세요. (국어3-1가 40~49)

"뿌우우우우웅!"

"뿌우우우우웅!"

어느 날, 큰 배가 바위섬으로 다가왔어.

"쿵작 뿡짝 띠리리리리."

"쿵작 뿡짝 띠리리리리."

노랫 소리와 함께 큰 배가 바위섬 옆을 지났지.

소리를 지르고, 손을 흔들고, 뽀뽀를 하고, 노래를 부르는 많은 사람이 있었어.
큰 배 뒤쪽에서는 아이들이 무언가를 던지고 있었어.

 갈매기의 생김새를 떠올리며 '바삭바삭 갈매기'를 읽고 이야기에 나타난 감각적 표현의 낱말을 바르게 써 보세요. (국어3-1가 40~49)

툭툭! 바스락!

어, 이게 뭐지?
콕콕 쪼아 봤어.

짭조름하고 고소한 냄새에 코끝이 찡했어. 조심스럽게 한 입 깨물어 보았지.

와그작

바삭! 바삭!

꺄아악!"

아… …
이 맛은
뭐지?

갈매기의 생김새를 떠올리며 '바삭바삭 갈매기'를 읽고 이야기에 나타난 감각적 표현의 낱말을 바르게 써 보세요.

(국어3-1가 40~49)

"더 먹고 싶어!"
"짭조름하고 고소해!"
때로는 부둣가에 모여 소리쳤어.

"꺄악! 깍! 끼룩! 끽!"

"꺄악! 깍! 끼룩! 끽!"

"야아아아아옹!"

"야아아아아옹!"

난 깜짝 놀라서 튀어 올랐어.
웬일인지 잘 날 수가 없있어.

쿵쾅쿵쾅

쿵쾅쿵쾅

심장이 뛰더니 점점 작아져서 좁쌀만 하게 되는 것 같았어.

"으악 도깨비다!"를 읽어 보고 생각이나 느낌을 말해 보고 낱말을 바르게 써 보세요.

(국어3-1가 50~61)

도	깨	비
도	깨	비

기	차		타	고		쿨	쿨
기	차		타	고		쿨	쿨

버	스		타	고		털	털
버	스		타	고		털	털

산	골
산	골

 "으악 도깨비다!"를 읽어 보고 생각이나 느낌을 말해 보고 낱말을 바르게 써 보세요.

(국어3-1가 50~61)

장	승		마	을
장	승		마	을

멋	쟁	이		장	승
멋	쟁	이		장	승

타	박	타	박
타	박	타	박

뻐	드	렁	니		장	승
뻐	드	렁	니		장	승

"으악 도깨비다!"를 읽어 보고 생각이나 느낌을 말해 보고 낱말을 바르게 써 보세요.

(국어3-1가 50~61)

| 수 | 박 |
| 수 | 박 |

| 낮 | 잠 |
| 낮 | 잠 |

| 퉁 | 눈 | 이 | | 장 | 승 |
| 퉁 | 눈 | 이 | | 장 | 승 |

| 시 | 끄 | 러 | 워 |
| 시 | 끄 | 러 | 워 |

| 왕 | 자 |
| 왕 | 자 |

| 조 | 용 | 히 |
| 조 | 용 | 히 |

 "으악, 도깨비다!"를 읽어 보고 생각이나 느낌을 말해 보고 낱말을 바르게 써 보세요.

(국어3-1가 50~61)

신	바	람
신	바	람

훨	훨
훨	훨

첨	벙	첨	벙
첨	벙	첨	벙

숨	바	꼭	질
숨	바	꼭	질

머	리	카	락
머	리	카	락

이	빨
이	빨

배	꼽
배	꼽

주	먹	코
주	먹	코

별	빛	처	럼
별	빛	처	럼

"으악, 도깨비다!"를 읽어 보고 생각이나 느낌을 말해 보고 낱말을 바르게 써 보세요.

(국어3-1가 50~61)

웃음소리 밤하늘 새벽닭

얼굴 곰팡이 엉엉 울고

헐레벌떡 짱구 옹기 주먹

"으악, 도깨비다!"를 읽어 보고 생각이나 느낌을 말해 보고 낱말을 바르게 써 보세요.

(국어3-1가 50~61)

불	끈	쥐	고
불	끈	쥐	고

밤	마	다
밤	마	다

친	구
친	구

정	신	이	번	쩍
정	신	이	번	쩍

자	유	롭	게
자	유	롭	게

자	동	차	불	빛
자	동	차	불	빛

트	럭
트	럭

도	둑
도	둑

시 '강아지풀'을 읽고 감각적 표현을 바르게 써 보세요.

(국어3-1가 62~63)

| 풀숲 | 강아지 | 숲길 | 꼬리 |

솜털같이 복슬복슬한

꼬리를 살랑살랑

시 '아기 고래'에서 나오는 낱말을 큰 소리로 읽고 바르게 써 보세요.

(국어3-1 가 64)

제	멋	대	로
제	멋	대	로

온	몸
온	몸

바	둥	바	둥
바	둥	바	둥

고	래
고	래

대	왕	오	징	어
대	왕	오	징	어

식	구
식	구

시	커	멍	게
시	커	멍	게

앞	이
앞	이

캄	캄
캄	캄

 어떤 감각을 느끼며 표현한 것인지 생각하며 다음 문장을 바르게 써 보세요.

(국어 3-1 가 65)

* 모습이 보이는 것처럼 표현 했어요.

독수리처럼 빠르게 달려가는 자전거

* 소리가 들리는 것처럼 표현 했어요.

부글부글 내 마음 끓는 소리

* 손으로 만지는 것처럼 표현 했어요.

보들보들 푹신한 내 곱슬머리

낱말의 표기를 알아보고 다음 낱말을 바르게 써 보세요.

(국어활동 3-1 15)

* 쟁이는 어떤 속성을 많이 가진 사람의 뜻을 더하는 접미사

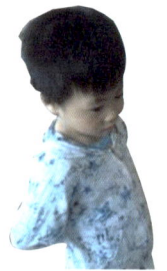

고	집	쟁	이
고	집	쟁	이

개	구	쟁	이
개	구	쟁	이

* 장이는 그것과 관련된 기술을 가진 사람의 뜻을 더하는 접미사

대	장	장	이
대	장	장	이

옹	기	장	이
옹	기	장	이

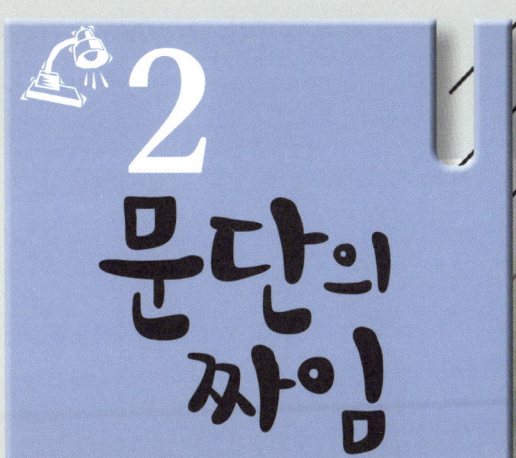

2 문단의 짜임

 문단의 짜임을 생각하며 글을 읽고 써 봅시다.

1. 중심 문장과 뒷받침 문장을 알아봅시다.
2. 중심 문장과 뒷받침 문장을 파악하며 읽어 봅시다.
3. 중심 문장과 뒷받침 문장을 생각하며 써 봅시다.
4. 문단 만드는 놀이를 해 봅시다.

다음 낱말을 큰 소리로 읽고 바르게 써 보세요.

(국어3-1가 66~67)

더	운		지	방

추	운		지	방

열	기

습	기

땅	바	닥

높	이

집		바	닥

해	충

모	습

띄	워

다음 낱말을 큰 소리로 읽고 바르게 써 보세요.

(국어3-1가 68~69)

감	시	용		로	봇
감	시	용		로	봇

강	아	지	처	럼
강	아	지	처	럼

해	양		탐	사		로	봇
해	양		탐	사		로	봇

꽃	게	처	럼
꽃	게	처	럼

의	료	용		로	봇
의	료	용		로	봇

정	확	하	게
정	확	하	게

중심 문장과 뒷받침 문장을 구분하며 '동물들의 보호색'과 '장승'을 읽고 다음 낱말을 바르게 써 보세요. (국어3-1가 70~73 국어활동 16)

| 애 | 벌 | 레 | | 나 | 방 | | 개 | 구 | 리 | | 카 | 멜 | 레 | 온 |

| 나 | 무 | 장 | 승 | | 석 | 장 | 승 | | 도 | 깨 | 비 |

자신이 아는 '장승'의 모습을 떠올리며 바르게 써 보세요.
(국어3-1가 70~72)

조	상

나	쁜	병

기	운

마	을

조	각

친	근	한

무	서	운

얼	굴

장	난	꾸	러	기

우	스	꽝	스	러	운

 중심 문장과 뒷받침 문장을 구분해 생각하고, 다음 낱말을 큰 소리 내어 읽고 바르게 써 보세요

(국어 3-1가 73)

설	날
설	날

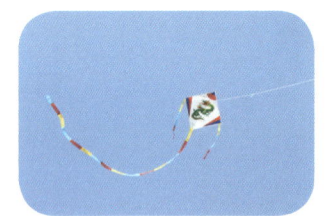

연	날	리	기
연	날	리	기

제	기	차	기
제	기	차	기

대	보	름
대	보	름

쥐	불	놀	이
쥐	불	놀	이

단	오
단	오

중심 문장과 뒷받침 문장을 구분해 생각하고, 다음 낱말을 큰 소리 내어 읽고 바르게 써 보세요

(국어 3-1가 73)

씨	름
씨	름

그	네	뛰	기
그	네	뛰	기

명	절
명	절

놀	이
놀	이

　불은 원시인의 삶을 크게 바꾸어 놓았습니다. 불을 피워 추위를 이겨 냈습니다. 불을 피워 사나운 동물의 공격도 피할 수 있었습니다. 불로 음식을 익혀 먹기도 했습니다.

 전통 과자의 종류나 과자를 먹어 본 경험을 생각 하고 낱말을 큰 소리 내어 읽어 보고 바르게 써 보세요. (국어 3-1가 74~77)

| 한과 | 강정 | 엿 | 약과 | 시장 |

| 밀가루 | 꿀 | 기름 | 반죽 | 찹쌀 |

전통 과자의 종류나 과자를 먹어 본 경험을 생각 하고 낱말을 큰 소리 내어 읽어 보고 바르게 써 보세요. (국어 3-1가 74~77)

고	구	마	옥	수	수	조	호	두	깨
고	구	마	옥	수	수	조	호	두	깨

가	락	엿	구	멍	엿	치	기	콩
가	락	엿	구	멍	엿	치	기	콩

 '옛날에는 어떤 과자를 먹었을까요!'를 읽고 다음 문장을 바르게 써 보세요.

(국어 3-1가 76)

약과

꿀과 기름을 섞은 밀가루로 반죽해

기름에 지진 과자

강정

찹쌀가루를 반죽해 썰어 말린 것을

기름에 튀긴 뒤에 고물을 묻힌 과자

엿

찹쌀 같은 곡식으로 밥을 지어 엿기름

으로 식힌 뒤 달게 졸인 과자

다음 중심문장과 뒷받침 문장을 생각하며 문장을 바르게 써 보세요.

(국어3-1가 78)

우리는 바다에서 많은 것을 얻습니다. 바닷물로 소금을 만들 수 있습니다. 바다에서 석유도 얻을 수 있습니다. 바다에서 물고기도 잡을 수 있습니다.

공으로 하는 운동에는 여러 가지가 있습니다. 축구는 발로 공을 차서 골대에 넣는 운동입니다. 농구는 상대의 바스켓에 공을 던져 넣는 운동입니다. 피구는 공을 던져 상대를 맞히는 운동입니다.

 앞 페이지에서 공부한 내용을 생각 하며 다음 낱말을 큰 소리 내어 있어 보고 바르게 써 보세요

(국어3-1가 78)

☆ 바다에서 얻는 것

물	고	기	석	유	소	금	미	역	김
물	고	기	석	유	소	금	미	역	김

☆ 공으로 하는 운동

축	구	농	구	피	구	야	구	테	니	스
축	구	농	구	피	구	야	구	테	니	스

중심 문장과 뒷받침 문장을 생각하며 다음 문장을 바르게 써 보세요.

(국어활동3-1가 18)

햄스터는 작고 귀엽게 생겼습니다.

햄스터는 영리해서 똥오줌도 스스로 가립니다.

햄스터는 자기 집을 늘 깨끗하게 청소합니다.

햄스터는 종류도 다양합니다.

다음 빨간색으로 쓰인 낱말의 표기에 주의하며 바르게 써 보세요.

(국어활동3-1 21)

안 갔다

안 나아서

친구에게 안 좋은 일이 생기지 않도록 기도하자.

친구는 까닭도 묻지 않고 나를 도와주었습니다.

평소에 운동을 하지 않았다면, 몸이 많이 약해졌을거야.

3 알맞은 높임 표현

 높임 표현을 사용해 언어 예절에 맞게 대화해 봅시다.

1. 높임 표현을 사용하는 방법 알아봅시다.
2. 높임 표현과 언어 예절을 생각하며 대화해 봅시다.
3. 높임 표현을 사용해 역할 놀이를 해 봅시다.

높임 표현을 사용하는 경우를 생각하며 다음 대화의 문장을 바르게 써 보세요.

(국어3-1가 86~107 국어활동 22~23)

☆ 높임 표현

아버지, 이 책이 재미있을 것 같아요.

아버지께서 회사에 가셨다.

할아버지께서 방 안에 계십니다.

저기 선생님께서 가신다.

 높임 표현을 사용하는 경우를 생각하며 다음 대화의 문장을 바르게 써 보세요. (국어3-1가 86~107 국어활동 22~23)

 높임 표현 ☆

어머니께 드릴 선물이야.

할머니께서 걱정거리가 있으십니다.

할머니께서 진지를 잡수신다.

드	리	다

모	시	다

여	쭙	다

높임 표현을 사용하는 경우를 생각하며 다음 대화의 문장을 바르게 써 보세요. (국어3-1가 86~107 국어활동 22~23)

☆높임 표현

이 편지를 선생님께 드려라.

아버지, 학교에 다녀왔습니다.

아버지께 선물을 드릴게요.

할머님께 여쭈어볼 것이 있어요.

높임 표현을 사용하는 경우를 생각하며 다음 대화의 문장을 바르게 써 보세요.

(국어3-1가 86~107 국어활동 22~23)

좋아합니다

있습니다

다녀왔습니다

이에요

계세요

좋아하셔

드릴말씀

께서 께

 높임 표현과 언어 예절을 생각하며 '반말 왕자님'에서 나오는 낱말을 바르게 써 보세요. (국어활동24~39)

왕	자	님

반	찬

시	금	치

떡	갈	비

마	트

콩	나	물

아	이	스	크	림

높임 표현과 언어 예절을 생각하며 '반말 왕자님'에서 나오는 낱말을 바르게 써 보세요.

(국어활동24~39)

| 반말 | 번갈아 | 잔소리 | 본보기 |

| 빨개져서 | 고개 | 꾸중 | 군것질 |

| 부들부들 | 이래라저래라 |

 높임 표현과 언어 예절을 생각하며 '반말 왕자님'에서 나오는 낱말을 바르게 써 보세요.

(국어활동24~39)

  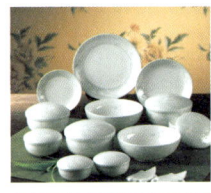  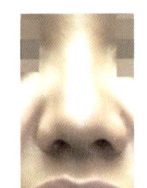

물감 떡볶이 그릇 누나 코

매콤하고 달콤한 대답

높임 표현과 언어 예절을 생각하며 '반말 왕자님'에서 나오는 낱말을 바르게 써 보세요.

(국어활동24~39)

화장실

태권도

할머니

엄마

벌름거리며

갑자기

높임말

높임 표현과 언어 예절을 생각하며 '반말 왕자님'에서 나오는 낱말을 바르게 써 보세요. (국어활동24~39)

사범님은 얼떨떨한 표정으로 엄마을 바라보았어요.

주책없이 눈물도 막 쏟아졌어요.

태권도장 앞에서 고개를 숙이고 과자 부스러기를

쪼던 비둘기들이 놀라서 하늘로 솟구쳤어요.

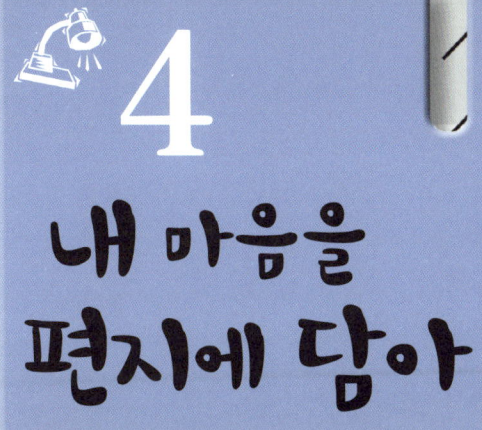

4 내 마음을 편지에 담아

 전하고 싶은 마음을 담아 편지를 써 봅시다.

1. 편지를 읽고 마음을 나타내는 말을 익힙시다.
2. 글을 읽고 글쓴이의 마음을 짐작해 봅시다.
3. 마음이 잘 드러나게 편지 쓰는 방법을 익힙시다
4. 마음을 담아 편지를 써 봅시다.

 다음 '사랑하는 할머니께' 편지 내용에 나오는 문장을 예쁘고 바르게 써 보세요. (국어3-1가 109)

사랑하는 할머니께

할머니, 생신 축하드려요.

지난 생신 때는 가족 모두 노래를 불러 드려서 할머니께서 기뻐하셨죠? 이번 생신 때는 할머니께서 제 편지를 받고 기뻐하셨으면 좋겠어요. ……

 다음 '리디아의 정원'을 읽고 리디아의 편지 내용에 나오는 낱말을 예쁘고 바르게 써 보세요. (국어활동 40~41)

콧	수	염
콧	수	염

외	삼	촌
외	삼	촌

유	머
유	머

감	각
감	각

졸	음
졸	음

깜	빡	깜	빡
깜	빡	깜	빡

좋	겠	어	요
좋	겠	어	요

엄	마
엄	마

아	빠
아	빠

꽃	씨
꽃	씨

무	척
무	척

예	쁜
예	쁜

 '그림을 보고 어떤 마음을 전하면 좋은지 생각해 보고 다음 문장을 바르게 써 보세요. (국어 3-1가 111~117)

☆ 위로하는 마음

많이 다치지는 않았어, 괜찮아!

많이 다치지는 않았어, 괜찮아!

☆ 축하하는 마음

할머님, 생신을 축하 드려요.

할머님, 생신을 축하 드려요.

☆ 미안한 마음

실수로 내가 물컵을 엎었어. 미안해

실수로 내가 물컵을 엎었어. 미안해

☆ 고마운 마음

읽고 싶은 책 빌려줘서 고마워

읽고 싶은 책 빌려줘서 고마워

편지 쓰는 방법을 알아보고 마음을 나타내는 문장을 예쁘고 바르게 써 보세요.

(국어 3-1가 111~117 국어활동 42~44)

☆ 받는 사람의 이름 뒤에 ~께 를 붙입니다.

친구에게	선생님께	할아버지께

☆ 상대방의 안부를 묻는 첫인사를 합니다.

나리야, 안녕? 나 민경이야.	할아버지, 생신 축하드려요.

☆ 예의 바른 말로 하고 싶은 말을 씁니다.

나리야, 어제 네가 내 가방을 들어 주어서 고마웠어.

'편지 쓰는 방법을 알아보고 마음을 나타내는 문장을 예쁘고 바르게 써 보세요 (국어 3-1가 111~117 국어활동 42~44)

☆ 예의 바르게 끝인사를 합니다.

나리야, 고마워! 너는 운동도 잘하고, 마음도 참 따뜻한

멋진 친구야, 앞으로도 친하게 지내자. 안녕

☆ 쓴 날짜를 적습니다. 20△△년 ○월 ○일
☆ 쓴 사람의 이름 다음에 '올림' '드림' 등의 말을 씁니다.

민경이가

손자 정혁 올림

마음을 나타 내려고 쓴 편지를 생각하며 다음 낱말을 예쁘고 바르게 써보세요.

(국어 3-1가 114~117 국어활동42~44)

| 가 방 | 달 리 기 | 체 육 | 편 지 | 운 동 |

| 고 마 웠 어 | 기 뻤 어 | 미 안 했 어 |

 마음을 나타내려고 쓴 편지를 생각하며 다음 낱말을 바르게 써 보세요. (국어 3-1가 114~117 국어활동42~44)

할아버지, 그동안 안녕하셨어요?

할아버지, 생신 축하드려요.

할아버지 댁에 가면 항상 반갑게 맞아 주시고, 재미

있는 이야기도 많이 들려주셔서 감사합니다.

작년 할아버지 생신에는 제가 다리를 다쳐서 찾아뵙지

못해 많이 아쉬웠어요. 그런데 이번 생신에는 가족

모두 모여서 즐거운 시간을 보낼 수 있어서 정말 기뻐요.

할아버지, 다시 한번 생신 축하 드려요. 항상 건강하세요.

 글쓴이의 마음을 생각하며 '어머니와 물감'을 읽고 다음 낱말을 바르게 써 보세요.

(국어 3-1가 118~123)

| 어 | 머 | 니 | 물 | 감 | 곰 | 돌 | 이 | 머 | 리 | 핀 |

| 책 | 상 | 유 | 치 | 원 | 동 | 생 | 가 | 방 | 학 | 교 |

글쓴이의 마음을 생각하며 '어머니와 물감'을 읽고 다음 낱말을 바르게 써 보세요.

(국어 3-1가 118~123)

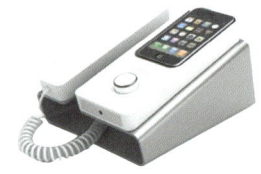

현관　　신발　　공중전화　　수화기

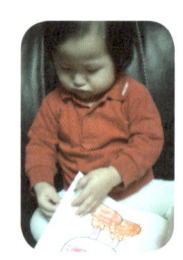

눈물　　교문　　출근　　서운함　　화남

'리디아의 정원'에 나오는 리디아의 편지를 읽고 상황을 생각하며 다음 문장을 바르게 써 보세요. (국어 3-1가 124~125 국어활동 42~44)

꽃을 사랑하는 소녀 리디아는 아버지가 일자리를 잃고 생활이 어려워지자 도시에서 빵 가게를 하는 외삼촌댁으로 가게 된다.

외삼촌은 무뚝뚝하기만 하고 도시 생활은 힘들지만, 리디아는 일하는 틈틈이 빵 가게 옥상에 멋진 꽃밭을 가꾼다.

어느 날, 리디아는 외삼촌을 꽃으로 뒤덮은 옥상으로 모시고 간다. 외삼촌은 리디아가 가꾼 꽃에 감격

'리디아의 정원'에 나오는 리디아의 편지를 읽고 상황을 생각하며 다음 문장을 바르게 써 보세요. (국어 3-1가 124~125 국어활동 42~44)

한다.

그리고 일주일 뒤에 외삼촌은 리디아에게 직접

만든 케이크와 함께 기쁜 소식을 전해 준다.

빵 가게   옥 상   꽃 밭   케 이 크

기 쁘 다   즐 겁 다   유 쾌 하 다

5 중요한 내용을 적어요

설명하는 말을 듣거나 글을 읽고 대강의 내용을 간추려 봅시다.

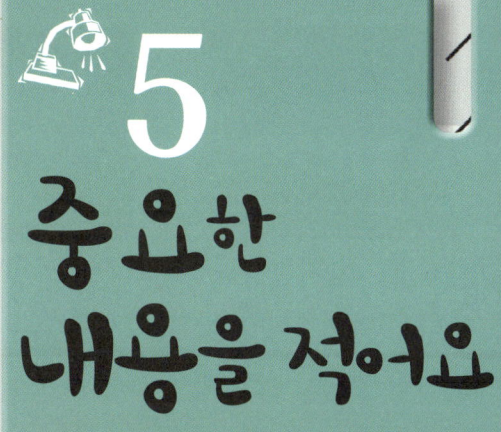

1. 내용을 간추리며 들어 봅시다.
2. 글을 읽고 내용을 간추리는 방법을 알아봅시다.
3. 글을 읽고 내용을 간추려 봅시다.
4. 책 소개를 합시다.

중요한 내용의 메모에 대하여 생각하며 다음 낱말을 예쁘고 바르게 써 보세요.

(국어 3-1가 136~139 국어활동 46~47)

박물관   견학   전시관   즐거리

만화   영화   체험학습   준비물

 중요한 내용의 메모에 대하여 생각하며 다음 낱말을 예쁘고 바르게 써 보세요.
(국어 3-1가 136~139 국어활동 46~47)

| 심 | 부 | 름 | | 도 | 서 | 관 | | 책 | | 신 | 문 | | 보 | 존 |

현장 체험학습을 갈 때 가져가야 할 물건을 적어

본 적이 있어.

 중요한 내용이 무엇인지 생각하며 '새로운 운동'을 읽어 보고 다음 낱말을 바르게 써 보세요.

(국어활동 3-1 48~49)

전	통		놀	이

스	포	츠		스	태	킹

종	이	컵

근	육

집	중	력

한	궁

슐	런

악기의 종류를 알아보고 다음 낱말을 예쁘고 바르게 써 보세요.

(국어 3-1가 144)

타악기 : 두드리거나 때려서 소리를 내는 악기

   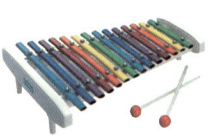 

| 장구 | 큰북 | 드럼 | 실로폰 | 팀파이 |

현악기 : 줄을 쳐서 사용하는 악기

  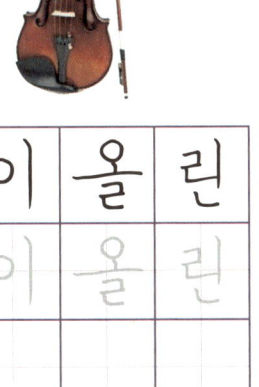  

| 가야금 | 바이올린 | 첼로 | 비올라 |

악기의 종류를 알아보고 다음 낱말을 예쁘고 바르게 써 보세요

(국어 3-1가 144)

관악기 : 입으로 불어서 소리를 내는 악기

| 단 소 | 트 럼 펫 | 섹 스 폰 | 클 라 리 넷 |

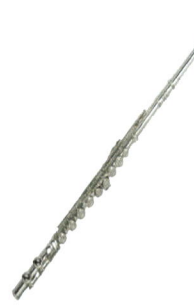   

| 플 룻 | 오 보 에 | 유 포 늄 | 튜 바 |

옛날 사람들이 널리 사용하던 민화를 알아보고 다음 낱말을 바르게 써 보세요.

(국어 3-1가 146~150)

호랑이　까치　물고기　사슴　학

거북　토끼　매　소나무　연꽃

옛날 사람들이 널리 사용하던 민화를 알아보고 다음 낱말을 바르게 써 보세요.

(국어 3-1가 146~150)

 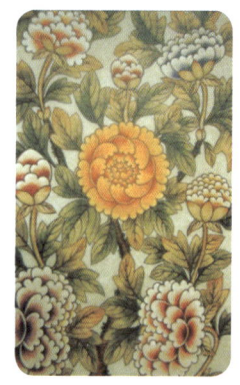   

대	나	무
대	나	무

모	란
모	란

석	류
석	류

용
용

해	태
해	태

민화는 옛날 사람들이 널리 사용하던 그림으로,

쓰임새가 여러 가지였어요. 그리고 동물, 식물,

상상의 동물과 같은 다양한 소재를 사용했어요.

 중요한 내용을 생각하며 교과서에 나오는 '플랑크톤이란?'을 읽고 다음 낱말을 바르게 써 보세요. (국어 3-1가 152~155)

개	구	리	밥

물	벼	룩

흰	동	가	리

바	다

연	못

호	수

연	꽃

해	파	리

중요한 내용을 생각하며 교과서에 나오는 '플랑크톤이란?' 읽고 다음 문장을 바르게 써 보세요. (국어 3-1가 152~155)

물에 사는 생물들은 살아가는 모습에 따라서 크게 세 가지로 나눕니다. 바닥 생활을 하는 생물, 헤엄을 치는 생물, 그리고 떠다니는 생물이 있습니다. 이 가운데 물에 둥둥 떠다니는 생물을 통틀어서 '플랑크톤'이라고 합니다.

다음 글을 간추리는 방법을 생각하고 다음 문장을 예쁘고 바르게 써 보세요

다른 사람에게 말을 전하거나 자신이 기억한 것

을 잊지 않으려고 짧게 쓴 글을 메모라고 합니다.

메모를 할 때에는 모든 내용을 쓰는 것이 아니라

중요한 내용만 짧게 씁니다.

다음 글을 간추리는 방법을 생각하고 다음 문장을 예쁘고 바르게 써 보세요
(국어 3-1가 159 국어활동 51)

글을 간추릴 때에는 각 문단의 중요한 내용을 간단하게 정리합니다.

☆ 낱말의 발음

짧고	얇게	엷고	여덟	밝다	맑고
짤꼬	얄께	열꼬	여덜	박따	말꼬

엷게	밟지	짧다	얇다	떫다	넓다
열께	밥찌	짤따	얄따	떨따	널따

6 일이 일어난 까닭

원인과 결과를 생각하며 경험을 이야기해 봅시다.

여섯

1. 원인과 결과에 따라 이야기하는 방법을 알아봅시다.
2. 원인과 결과를 생각하며 경험을 말해 봅시다.
3. 원인과 결과를 생각하며 이야기를 꾸며 봅시다.

원인과 결과에 따라 이야기하는 방법을 알아보고, 다음 문장을 바르게 써 보세요.

(국어3-1나 168~169)

자기가 당연히 더 빠르다고 자만심에 빠진 토끼는

서둘러 뛰어 가지 않고, 길옆에 누워 잠이 들었다.

자기가 느리다는 사실을 알고 있는 거북이는 쉬지

않고 기어서 잠자고 있는 토끼를 앞질러 경주에서

이겼다.

'쓰레기 정거장'을 읽고 원인과 결과를 생각하며 다음 낱말을 바르게 써 보세요.

(국어 3-1나 170~173)

쓰레기

골목

문제

종류별

지저분해

뒤죽박죽

음식물

재활용품

깔끔하게

일반

원인과 결과에 따라 이야기하는 방법을 알아보고, 다음 문장을 바르게 써 보세요. (국어활동3-1 52)

원인

사람들이 나무를 심고 정성껏 키웠어요.

결과

원인

준서는 집에서 리코더 연습을 열심히 했어요.

결과

학예회에서 자신 있게 리코더를 연주했어요.

원인과 결과에 따라 이야기하는 방법을 알아보고, 다음 문장을 바르게 써 보세요.

(국어활동 3-1 52)

원인

소영이는 자전거 타는 연습을 꾸준히 했어요.

소영이는 자전거 타는 연습을 꾸준히 했어요.

결과

그래서 가족과 자전거를 타고 공원에 놀러갔어요.

그래서 가족과 자전거를 타고 공원에 놀러갔어요.

원인

미혜는 도서관에서 책을 많이 읽었어요.

미혜는 도서관에서 책을 많이 읽었어요.

결과

그래서 어려운 낱말을 많이 알아요.

그래서 어려운 낱말을 많이 알아요.

다음 속담의 내용을 살펴보고, 문장을 바르게 써 보세요.

(국어활동 3-1 53)

- 원인이 없으면 결과가 있을 수 없음을 빗댄 속담.

아니 땐 굴뚝에 연기 날까.

아니 땐 굴뚝에 연기 날까.

아니 때린 장구 북소리 날까.

아니 때린 장구 북소리 날까.

뿌리 없는 나무에 잎이 필까.

뿌리 없는 나무에 잎이 필까.

- 원인에 따라 거기에 걸맞은 결과가 나온다는 것을 빗댄 속담.

콩 심은 데 콩나고 팥 심은 데 팥난다.

콩 심은 데 콩나고 팥 심은 데 팥난다.

다음 속담의 내용을 살펴보고, 문장을 바르게 써 보세요.

(국어활동 3-1 53)

가시나무에 가시가 난다.

가시나무에 가시가 난다.

배나무에 배 열리지 감 안 열린다.

배나무에 배 열리지 감 안 열린다.

오이 덩굴에 오이 열리고 가지 나무에 가지 열린다.

오이 덩굴에 오이 열리고 가지 나무에 가지 열린다.

오이씨에서 오이 나오고 콩씨에서 콩 나온다.

오이씨에서 오이 나오고 콩씨에서 콩 나온다.

 원인과 결과에 따라 이야기하는 방법을 알아보고, 속담을 생각하며 다음 낱말을 바르게 써 보세요.　(국어 3-1 나 168 국어활동 53)

토끼　거북이　가지　굴뚝

장구　북　배나무　오이　콩

원인과 결과을 생각하며, 다음 문장을 바르게 써 보세요.

(국어3-1 국어활동 58)

원인	결과
학교가 끝난 뒤에 날마다 공 차는 연습을 했다.	축구 경기에서 공을 많이 넣었다.
어제는 밤 늦게까지 독서를 했다.	수업 시간에 계속 졸았다.
음식을 먹고 양치질을 잘하지 않았다.	이가 아팠다.

그래서	때문에	왜냐하면

빨간색으로 쓰인 낱말의 표기에 주의하며 다음 문장을 바르게 써 보세요.

(국어활동3-1 59)

'이애', '저애', '그애',를 줄여서 쓸 때에는 '애', '쟤', '걔',로 쓰는 것이 바른 표기입니다.

얘가 저를 도와줬어요.	쟤는 처음 보는 아이인데?
얘가 먼저 웃었어요!	쟤가 점수를 냈어요.
작년에 네 짝이었던 걔!	걔가 술래랍니다.

7 반갑다, 국어사전

 국어사전을 활용하며 글을 읽어 봅시다.

일곱

1. 국어사전에서 낱말을 찾는 방법을 알아봅시다.
2. 형태가 바뀌는 낱말을 국어사전에서 찾아봅시다.
3. 국어사전을 활용하며 글 읽기를 합시다.
4. 나만의 국어사전 만들어 봅시다.

국어사전에서 낱말을 싣는 차례를 알아보고, 다음 낱말을 바르게 써 보세요.

(국어 3-1 나 193)

첫 자음자	낱말			
ㄱ	가방	개교	거미	겨울
ㄲ	까꿍	꽃	꿈틀	끓다
ㄴ	나무	농사	누에	능력
ㄷ	달	두꺼비	등산	디딤돌
ㄸ	따개	뚜껑	뚱보	뜨개질

국어사전에서 낱말을 싣는 차례를 알아보고, 다음 낱말을 바르게 써 보세요.

(국어 3-1나 193)

첫 자음자	낱말			
 ㄹ	라면	러시아	로봇	립스틱
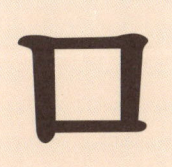 ㅁ	모자	문학	미꾸라지	밀짚모자
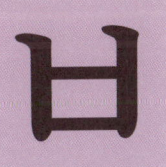 ㅂ	바다	병풍	보석	복사
 ㅃ	빵	뺄셈	뻐꾸기	뿌리
 ㅅ	사랑	숯가마	식물	심통

국어사전에서 낱말을 싣는 차례를 알아보고, 다음 낱말을 바르게 써 보세요

(국어 3-1 나 193)

첫 자음자	낱말			
	싸리문	쓰임새	쓴웃음	씨름
	안개꽃	야구	양식	어부
	장사	저울질	정류장	족제비
	짝	쪽파	찜질	찢다
	차림새	친구	침대	칫솔

국어사전에서 낱말을 싣는 차례를 알아보고, 다음 낱말을 바르게 써 보세요.

(국어 3-1 나 193)

첫 자음자	낱말			
ㅋ	칸막이	콩	크리스마스	킥복싱
ㅌ	타조	통나무	투표	특허
ㅍ	파도	포구	풍력	프린트
ㅎ	하늘	허수아비	혁대	형사

 다음 자음자의 이름을 알아보며 큰 소리로 읽고, 바르게 써 보세요.

(국어 3-1 나 194)

첫 자음자

기역	쌍기역	니은	디귿	쌍디귿	리을	미음
ㄱ	ㄲ	ㄴ	ㄷ	ㄸ	ㄹ	ㅁ

비읍	쌍비읍	시옷	쌍시옷	이응	지읒	쌍지읒
ㅂ	ㅃ	ㅅ	ㅆ	ㅇ	ㅈ	ㅉ

치읓	키읔	티읕	피읖	히읗		
ㅊ	ㅋ	ㅌ	ㅍ	ㅎ		

모음자의 이름을 알아보며 큰 소리로 읽고, 바르게 써 보세요.

(국어 3-1 나 194)

모음자

아	애	야	얘	어	에	여
ㅏ	ㅐ	ㅑ	ㅒ	ㅓ	ㅔ	ㅕ

예	오	와	왜	외	요	우
ㅖ	ㅗ	ㅘ	ㅙ	ㅚ	ㅛ	ㅜ

워	웨	위	유	으	의	이
ㅝ	ㅞ	ㅟ	ㅠ	ㅡ	ㅢ	ㅣ

받침의 이름을 알아보며 큰 소리로 읽고 바르게 써 보세요.

(국어 3-1 나 194)

ㄱ	ㄲ	ㄳ	ㄴ	ㄵ	ㄶ	ㄷ	ㄹ	ㄺ
ㄱ	ㄲ	ㄳ	ㄴ	ㄵ	ㄶ	ㄷ	ㄹ	ㄺ

ㄻ	ㄼ	ㄽ	ㄾ	ㄿ	ㅀ	ㅁ	ㅂ	ㅄ
ㄻ	ㄼ	ㄽ	ㄾ	ㄿ	ㅀ	ㅁ	ㅂ	ㅄ

ㅅ	ㅆ	ㅇ	ㅈ	ㅊ	ㅋ	ㅌ	ㅍ	ㅎ
ㅅ	ㅆ	ㅇ	ㅈ	ㅊ	ㅋ	ㅌ	ㅍ	ㅎ

 다음 낱말을 국어사전에 싣는 차례를 알아보고, 낱말을 바르게 써 보세요. (국어 3-1 나 194~196)

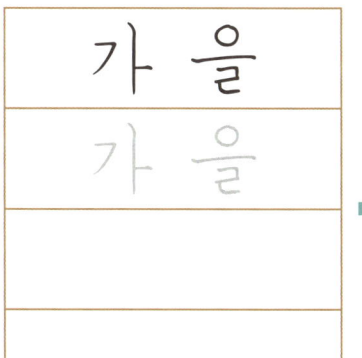 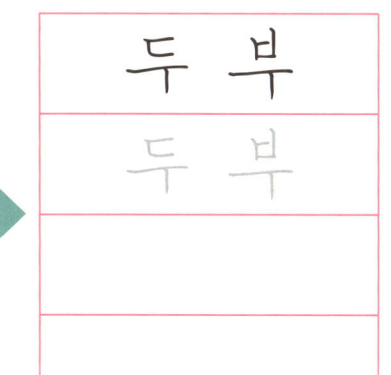 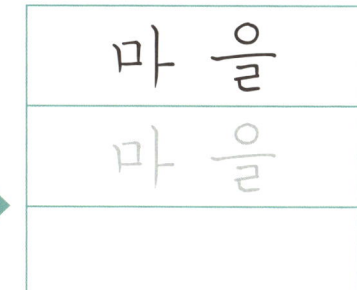

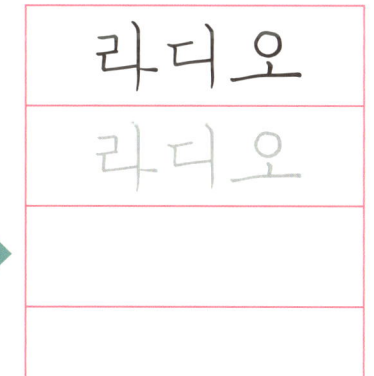 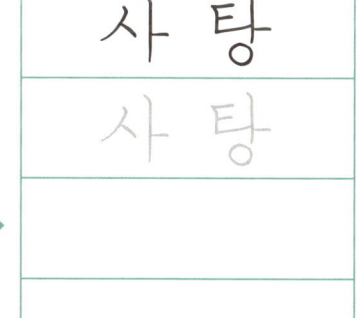

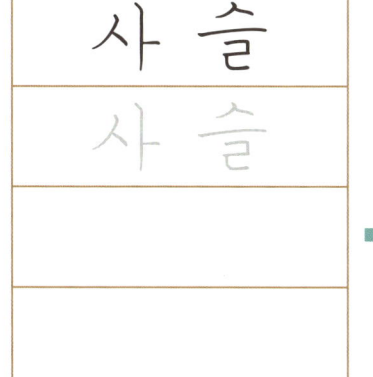 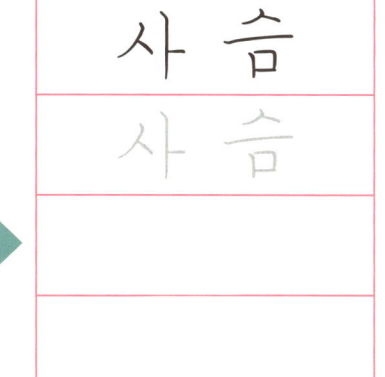 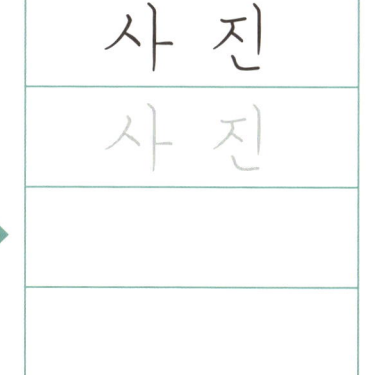

다음 낱말을 국어사전에 싣는 차례를 알아보고, 낱말을 바르게 써 보세요

(국어활동 3-1 나 196)

고구마	→	고슴도치	→	고양이
고구마		고슴도치		고양이
바다	→	발등	→	발자국
바다		발등		발자국
상	→	삵	→	삶
상		삵		삶
낚아채다	→	뒤쫓다	→	받다
낚아채다		뒤쫓다		받다

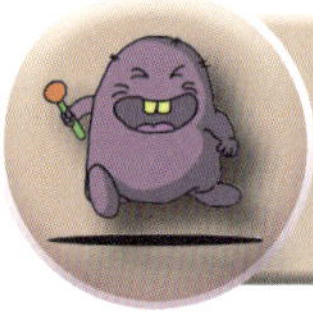

 형태가 바꾸는 낱말을 국어사전에서 찾을 수 있는지 알아보고 낱말의 기본형을 써 보세요. (국어활동 3-1 60)

받다	받고	받으니	받아서

솟다	솟고	솟으니	솟아서

낚아채다	낚아채고	낚아채서	낚아채니

뒤쫓다	뒤쫓고	뒤쫓으니	뒤쫓아서

국어사전에서 그 뜻을 찾아 알아보고, 다음 낱말과 뜻을 바르게 써 보세요.

(국어활동3-1 61)

낱말	뜻
낚아채다	무엇을 갑자기 세차게 잡아당기다.
뒤쫓다	뒤를 따라 쫓다.
받다	다른 사람이 주거나 보내오는 물건 따위를 가지다.
솟다	연기와 같은 물질이나 비행기와 같은 물체가 아래에서 위로, 또는 속에서 겉으로 세차게 움직이다.

 국어사전에서 그 뜻을 찾아 알아보고, 그 뜻을 생각하며 다음 문장을 바르게 써 보세요. (국어활동3-1 61)

낚아채다

내가 던진 공을 친구가 낚아챘다.

뒤쫓다

놀이터에서 동생이 나를 뒤쫓았다.

받다

나는 오늘 친구에게서 선물을 받았다.

솟다

끓고 있는 주전자에서 김이 모락모락 솟았다.

빨간색으로 쓰인 낱말의 표기에 주의하며 큰 소리로 읽어 보고 다음 문장을 바르게 써 보세요. (국어활동3-1 65)

정수는 내가 유치원에 다닐 때부터 사귀었던 친구인데,

내 친구 가운데에서 가장 오랫동안 사귀어 아주 가까운

친구이다.

번호가 바뀌었는데 미리 말하지 못해서 미안 하다고

했다.

고양이가 사람에게 달려들어 팔을 할퀴었다.

힘드니까 쉬었다가 다시 시작하자.

체육 시간에 공을 쫓아 열심히 뛰었다.

 빨간색 낱말의 형태가 바뀌지 않는 부분과 검정색 낱말의 바뀌는 부분을 생각하고 낱말을 바르게 써 보세요. (국어 3-1나 197~202 국어활동60~61)

기본형 : 먹다

먹는다	먹었다	먹으면	먹고

기본형 : 높다

높은데	높고	높은	높아서

기본형 : 맑다

맑고	맑아서	맑으니

기본형 : 읽다

읽고	읽으니	읽으며

 '먹을 수 있는 꽃 요리'를 읽어 보고, 다음 낱말을 바르게 써 보세요.
(국어 3-1나 203~206)

진달래화채 / 벚꽃 / 배꽃 / 매화

국화 / 장미 / 금잔화 / 제비꽃

8 의견이 있어요

 글을 읽고 의견을 파악해 봅시다.

1. 글을 읽고 인물의 의견과 그 까닭을 알아봅시다.
2. 글쓴이의 의견을 파악하는 방법을 알아봅시다.
3. 의견을 파악하며 글 읽기를 해 봅시다.
4. 아름답고 즐거운 학교를 가꾸기 위한 알림 활동을 해 봅시다.

 '오성과 한음'을 읽어 보고, 등장인물들의 말과 행동을 생각하며 낱말을 예쁘고 바르게 써 보세요.

(국어 3-1나 214~218)

감나무

집 마당

하인

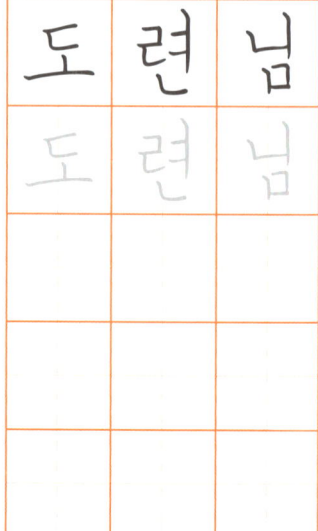

도련님

대감님

정중하게

 옛날에는 바느질할 때 무슨 도구를 썼는지 알아보고 '아씨방 일곱 동무'에서 나오는 낱말을 바르게 써 보세요. (국어 3-1나 220~224)

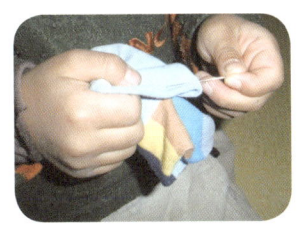   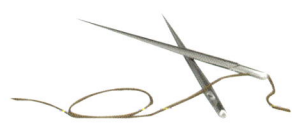

바느질

자

가위

바늘

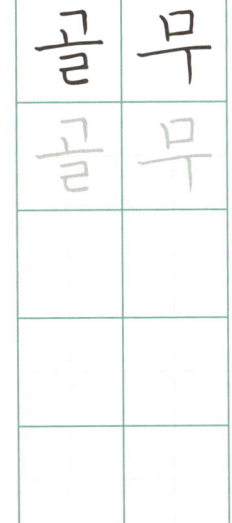

실

골무

인두

다리미

'지구를 깨끗이 가꾸자'를 읽어 보고, 글쓴이의 의견이 무엇인지도 생각하며 다음 낱말을 예쁘고 바르게 써 보세요. (국어3-1나 226~229)

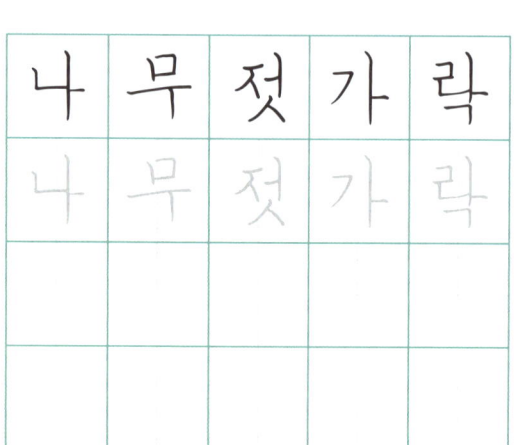

나	무	젓	가	락
나	무	젓	가	락

일	회	용		컵
일	회	용		컵

비	닐	봉	지
비	닐	봉	지

지	구
지	구

장	바	구	니
장	바	구	니

'지구를 깨끗이 가꾸자'를 읽어 보고, 글쓴이의 의견이 무엇인지도 생각하며 다음 낱말을 예쁘고 바르게 써 보세요. (국어3-1나 226~229)

우리는 지구를 깨끗하게 하려고 노력해야 합니다.

비닐봉지를 적게 써야 합니다.

일회용 컵을 적게 써야 합니다.

일회용 나무젓가락을 적게 써야 합니다.

일회용품을 덜 써서 깨끗한 지구를 만들어야 합니다.

 '좋은 습관을 기르자'를 읽어 보고, 글쓴이의 의견이 무엇인지도 생각하며 다음 문장을 예쁘고 바르게 써 보세요. (국어3-1나 230~233)

우리는 좋은 습관을 길러야 합니다.

약속을 잘 지키는 습관을 기릅시다.

날마다 운동하는 습관을 기릅시다.

고마워하는 마음을 표현하는 습관을 기릅시다.

습관은 우리 삶에서 아주 중요한 역할을 합니다.

 '먹보 다람쥐의 도토리 재판'을 읽고 다음 낱말을 예쁘고 바르게 써 보세요.

(국어활동3-1 66~67)

먹	보		다	람	쥐
부	엉	이
토	끼

앵	무	새
재	판
말	다	툼
도	토	리

'먹보 다람쥐의 도토리 재판'을 읽고 인물의 의견을 파악 하며 다음 문장을 예쁘고 바르게 써 보세요.

(국어활동3-1 66~67)

부엉이

먼저 본 다람쥐가 도토리 주인이야.

앵무새

먼저 말한 다람쥐가 도토리 주인이야.

토끼

먼저 주운 다람쥐가 도토리 주인이야.

먹보 다람쥐

먼저 먹는 다람쥐가 도토리 주인이야.

글쓴이의 의견을 파악하고 중심 문장을 생각하며 다음 문장을 예쁘고 바르게 써 보세요. (국어활동3-1 68~69)

자전거를 탈 때에는 안전 수칙을 잘 지켜야 합니다.

안전 장비를 갖추고 타야 합니다.

위험한 행동을 하지 않아야 합니다.

자전거 상태를 자주 점검해야 합니다.

자전거를 안전하게 타는 방법을 아는 것만큼 실천도 중요합니다.

의견에 어울리는 까닭에 대하여 알아보고 다음 문장을 예쁘고 바르게 써 보세요. (국어활동 3-1 70)

의견: 전기를 아껴야 써야 한다.

결과: 전기를 만들려면 돈이 많이 들기 때문이다.

무심코 낭비하는 전기가 많기 때문이다.

전기를 낭비하면 꼭 필요한 곳에 쓰지 못하기 때문이다.

의견: 책을 많이 읽어야 한다.

결과: 책을 읽으면 지식을 얻을 수 있기 때문이다.

재미있는 책을 읽으면 즐거움을 얻을 수 있기 때문이다.

책을 읽으면 생각하는 힘이 커지기 때문이다.

 아름답고 즐거운 학교를 가꾸기 위한 알림 활동을 해 보고, 다음 팻말의 문장을 예쁘고 바르게 써 보세요.

(국어 3-1나 234~235)

쓰레기는 쓰레기통으로 보냅시다.

복도에서 뛰지 않아요.

고운말로 말해요.

걸을 때는 사뿐사뿐.

우리 학교에 어떤 문제점이 있는지 생각해 보고, 자신의 의견과 그렇게 생각한 까닭을 말해 보며 다음 문장을 써 보세요 (국어 3-1나 234~235)

계단에서 뛰어다니면 마주 오는 친구와 부딪히

거나 넘어져 다칠 수 있습니다. 또 들고 있던

물건을 떨어뜨려 물건이 망가질 수 있습니다.

9 어떤 내용일까

 낱말의 뜻이나 생략된 내용을 짐작하며 글을 읽어 봅시다.

1. 낱말의 뜻을 짐작하는 방법을 알아봅시다.
2. 낱말의 뜻을 집작 하며 글을 읽어 봅시다.
3. 생략된 내용을 짐작하는 방법을 알아봅시다.
4. 생략된 내용을 짐작하며 글을 읽어 봅시다.

 '다람쥐는 왜 쉬지 않고 딱딱한 걸 갉아 댈까요?'를 읽어 보고 다음 낱말과 문장을 바르게 써 보세요. (국어 3-1나 242~245)

도	토	리	밤	땅	콩	잣	껍	질
도	토	리	밤	땅	콩	잣	껍	질

다람쥐처럼 쥐 무리에 속하는 동물들은 이빨

이 계속해서 자란다고 해요. 그렇기 때문에 이빨을

닳게 하려고 쉬지 않고 나무를 쏠거나 딱딱한

열매를 갉아 먹는 것이죠.

'다람쥐는 왜 쉬지 않고 딱딱한 걸 갉아 댈까요?'를 읽어 보고 다음 문장을 바르게 써 보세요.

(국어 3-1나 242~245)

가을이 되면 다람쥐는 겨울잠을 자려고 먹이를 많이

가을이 되면 다람쥐는 겨울잠을 자려고 먹이를 많이

먹어 두어요. 남은 먹이는 땅속에 먹이 창고를 만들어

먹어 두어요. 남은 먹이는 땅속에 먹이 창고를 만들어

감춰 두지요, 그리고 배고플 때마다 겨울잠에서 깨어

감춰 두지요, 그리고 배고플 때마다 겨울잠에서 깨어

나 먹이를 먹으며 겨울을 나지요.

나 먹이를 먹으며 겨울을 나지요.

 '담쟁이덩굴은 뿌리 덕분에 벽에 잘 달라붙는다?'를 읽어 보고 다음 문장을 예쁘고 바르게 써 보세요. (국어활동 3-1나 72~73)

담쟁이덩굴은 마치 줄기에 끈끈이라도 붙어

있는 것처럼 꼼짝하지 않는답니다.

마치 문어 다리에 있는 흡반처럼 생긴 것이 담쟁이

덩굴을 착붙어 있게 해 주네요. 흡반처럼 생긴

이것은 놀랍게도 담쟁이덩굴 뿌리랍니다.

'흡반' '부착'의 뜻을 짐작해 보고, 다음 문장을 예쁘고 바르게 써 보세요.

(국어활동 3-1나 72~73)

흡반:짐작한 뜻

끈끈이	달라붙게 하는것	착 붙어 있게 하는 것

흡반:국어사전에서 찾은 뜻

다른 동물이나 물체에 달라붙기 위한 기관

부착 : 짐작한 뜻

달라붙다

부착 : 국어사전에서 찾은 뜻

떨어지지 않게 붙임. 또는 그렇게 붙이거나 닮.

 낱말의 뜻을 짐작하며 '프린들 주세요'를 읽어 보고 다음 낱말을 예쁘고 바르게 써 보세요.　　　　　(국어 3-1나 246~249)

 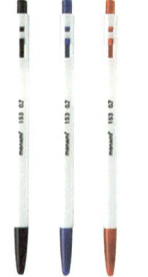   

선	반	볼	펜	파	란	색	까	만	색	서	명

어	엿	한	서	약	서	심	각	한	표	정

어엿하다	행동이 거리낌 없이 아주 당당하고 떳떳하다.
서약서	서약하는 글, 또는 그런 문서
서명	어떤 내용을 인정하거나 찬성하는 뜻으로 자신의 이름을 써넣는 것

'세상에서 가장 겁 많은 고양이 미요'를 읽어 보고 다음 낱말을 예쁘고 바르게 써 보세요.

(국어활동 3-1 74~79)

고양이	물오리	나비	강아지
개	털보	헤엄	방긋	과수원
팔랑팔랑	팔짝팔짝	어슬렁

 생략된 내용을 짐작하며 '반디불이'를 읽고 다음 낱말을 예쁘고 바르게 써 보세요.

(국어 3-1나 250~253)

반	딧	불	이

애	벌	레

개	똥	벌	레

다	슬	기

달	팽	이

- 서식지 : 생물이 일정한 곳에 자리를 잡아 사는 곳.
- 지천으로 : 매우 흔하게

반딧불이는 뭘 먹고 그토록 아름다운 빛을 내는 걸까요?

 어른이 된 반딧불이는 이슬을 먹고, 반딧불이의 애벌레는 다슬기나 달팽이를 먹고 삽니다.

 반딧불이 애벌레는 달팽이 전문 사냥꾼이라고 불릴 정도로 먹성이 대단해요.

생략된 내용을 짐작하며 '나비 박사 석주명'을 읽어 보고 다음 낱말을 예쁘고 바르게 써 보세요.

(국어 3-1나 254~261)

채	집
채	집

비	둘	기
비	둘	기

도	마	뱀
도	마	뱀

풀	숲
풀	숲

지	리	산	팔	랑	나	비
지	리	산	팔	랑	나	비

유	리	창	나	비
유	리	창	나	비

'지진 발생시 장소별 행동 요령'에 대한 안내문을 꼼꼼히 읽어 보고 다음 문장을 예쁘고 바르게 써 보세요. (국어 3-1나 262~263)

<mark>집안에 있을 경우</mark> 탁자 아래로 들어가 몸을 보호합니다. 할 수 있으면 전기와 가스를 차단하고, 문을 열어 출구를 확보한 뒤에 밖으로 나갑니다.

<mark>집 밖에 있을 경우</mark> 물건이 떨어질 것에 대비해 가방이나 손으로 머리를 보호하며, 건물과 거리를 두고 운동장이나 공원같이 넓은 공간으로 대피합니다.

<mark>승강기 안에 있을 경우</mark> 모든 숫자 단추를 눌러 가장 먼저 열리는 층에서 내린 뒤에 계단을 이용합니다.

10 문학의 향기

 재미나 감동을 느낀 부분을 찾으며 작품을 감상해 봅시다.

1. 재미나 감동을 느낀 부분을 생각하며 시를 읽어 봅시다.
2. 이야기를 읽고 재미나 감동을 느낀 부분을 찾아봅시다.
3. 만화 영화를 보고 재미와 감동을 표현해 봅시다.
4. 우리 반 독서 잔치를 열어 봅시다.

 자신이 읽은 책을 떠올려 보며 '빗길' 시의 장면을 읽고 다음 낱말을 예쁘고 바르게 써 보세요. (국어 3-1나 268~276)

개	구	리
두	꺼	비
우	산
황	새

말	똥	구	리
베	짱	이
사	과	나	무

 만복이에게 일어난 일을 생각하며, '만복이네 떡집'을 읽어 보고 다음 낱말을 예쁘고 바르게 써 보세요. (국어 3-1나 268)

| 떡 집 | 무 지 개 떡 | 쑥 떡 | 바 지 |

| 치 마 | 사 과 | 참 새 | 암 닭 | 민 들 레 |

 재미와 감동을 느끼며 '동주의 개'와 '바위나리와 아기별'을 읽어 보고 다음 낱말을 바르게 써 보세요. (국어활동 3-1 80~103)

| 학교 | 책상 | 교문 | 낮잠 | 골목길 |

| 바닷가 | 모래벌판 | 찰싹찰싹 |

| 아기별 | 바위나리 | 새벽 | 문지기 |

 이야기의 재미나 감동을 느끼며 '바위나리와 아기별'을 읽어보고 다음 낱말을 바르게 써 보세요. (국어활동 3-1 82~103)

감장 돌
검은 빛깔의 돌.

함빡
분량이 차고도 남을 만큼 넉넉하게.

바위나리
물가나 산 바위틈에 나는 여러해살이풀.

단장
얼굴, 머리, 옷차림을 곱게 꾸밈.

 '바위나리와 아기별'을 읽고 이야기의 재미나 감동을 느끼며 다음 낱말을 바르게 써 보세요.

(국어활동 3-1 82~103)

옷깃

저고리나 두루마기의 목에 둘러대어 앞에서 여밀 수 있도록 된 부분.

문지기

드나드는 문을 지키는 사람.

별안간

갑자기, 아주 짧은 동안.

미어지는

가슴이 찢어지는 것처럼 몹시 심한 고통이나 슬픔을 느끼는.

거슬리고

순순히 받아들여지지 않고 언짢은 느낌이 들며 기분이 상하고.

 '바위나리와 아기별'에 나오는 인물의 말과 행동에서 느낄 수 있는 마음을 생각하고 다음 낱말을 바르게 써 보세요. (국어활동 3-1 104)

'아, 이렇게 예쁘고 아름다운 나를 귀여워해 줄 친구가 없구나!'
친구를 기다리며 바위나리는 훌쩍훌쩍 울기도 했습니다.

슬픔

"빛이 없는 별은 쓸데가 없으니 당장 나가거라!"
임금님은 소리를 버럭 질렀습니다.

화남

'아기별은 무서워 몸을 벌벌 떨며 말했습니다.
"용서해 주십시오. 다시는 밖에 나가지 않겠습니다."

두려움

바위나리는 어찌나 좋은지 어쩔 줄을 모르고 이리저리 몸을 흔들며 외쳤습니다.
"별님, 별님"

기쁨

다음 낱말을 순서에 맞게 연한 글씨 위에 바르게 덮어 써 보세요.

| 봄 | 의 | | 길 | 목 | 끝 | 자 | 락 | 맥 | 박 |

| 풀 | 밭 | 단 | 추 | 돌 | 멩 | 이 | 맑 | 다 |

왼쪽에서 연한 글씨 위에 덮어 쓰기 연습한 낱말을 바르게 써 보세요.

봄	의		길	목	끝	자	락	맥	박

풀	밭	단	추	돌	멩	이	맑	다

다음 낱말을 순서에 맞게 연한 글씨 위에 바르게 덮어 써 보세요.

훌	쩍	골	목	행	복	약	속

짱	구	도	둑	모	습	추	위

왼쪽에서 연한 글씨 위에 덮어 쓰기 연습한 낱말을 바르게 써 보세요.

| 훌 | 쩍 | | 골 | 목 | | 행 | 복 | | 약 | 속 |

| 짱 | 구 | | 도 | 둑 | | 모 | 습 | | 추 | 위 |

다음 낱말을 순서에 맞게 연한 글씨 위에 바르게 덮어 써 보세요.

중	심	경	험	자	료	설	명

회	사	높	임	대	화	표	현

왼쪽에서 연한 글씨 위에 덮어 쓰기 연습한 낱말을 바르게 써 보세요.

| 중 | 심 | | 경 | 험 | | 자 | 료 | | 설 | 명 |

| 회 | 사 | | 높 | 임 | | 대 | 화 | | 표 | 현 |

연습이 부족하여 좀 더 연습하고자
한다면 현보문화에서 발행한 한글쓰기
시리즈를 구입하여 연습하시길 바랍니다

매 장마다 별도의 투명한 종이 위에 따라 쓰기
연습을 충분이 할 수 있도록 하여 예쁘고 바르게
쓰는 습관이 되도록 하였습니다.

한글쓰기-전 5 권

① 선긋기, 지각능력 테스트 / 자음, 모음 익히기
② 낱말 익히기 / 받침 없는 낱말공부
③ 낱말 익히기 / 기본 받침 있는 낱말공부
④ 낱말 익히기 / 어려운 받침 있는 낱말공부
⑤ 문장 익히기

한글쓰기-전 3 권

(초급)
어려운 받침 있는 낱말과 문장 익히기
(중급)
소리, 모양, 색깔, 타는것, 반대말 몸의 신체등 낱말 익히기
(고급)
~를, ~을, 높임말 낱말과 문장 익히기